CCSS **Género** Fantasía

Pregunta esencial

¿Cómo conseguimos lo que nos hace falta?

Avantasía

Alejandra Gáfaro Reyes
ilustrado por Benjamín Briceño M.

Capítulo 1

La aldea

En un mar distante y desconocido por los geógrafos, se encuentra Avantasía. Es una isla pequeña, pero muy particular: hay una simpática aldea donde viven trasgos, duendes y mouras.

La vegetación de este lugar es exuberante. El bosque está lleno de árboles altos y frondosos. También hay arbustos pequeños y una gran cantidad de flores multicolores mecidas por una brisa tranquila y cálida.

Los habitantes de esta pequeña aldea siempre han vivido en perfecta armonía... Hasta ahora.

Los trasgos tienen sus casas a la orilla del río. Son muy buenos pescadores y, por supuesto, excelentes nadadores. Les encanta el agua y jugar en ella cuando hace calor.

Las mouras viven en las flores. Sus brillantes alas les permiten llevar polen de una flor a otra. Por esta razón, siempre despiden un aroma delicioso. Todos en la aldea saben cuándo se acercan las mouras por los agradables perfumes florales que llenan el ambiente.

Los duendes son verdes y viven en los troncos de los árboles. Son hábiles carpinteros y saben tallar la madera, con la que crean objetos muy hermosos. En su tiempo libre, cantan y bailan. Son alegres y siempre encuentran un motivo para celebrar.

Sin embargo, de un tiempo para acá, las cosas han cambiado en la aldea. Los manzanos que cultivan los duendes han sufrido un terrible cambio. Sus hojas, antes verdes, se han vuelto ocres. Las manzanas son cada vez más pequeñas y tienen manchas oscuras. Los habitantes de la aldea están preocupados por esta situación porque estas frutas son su principal alimento.

¡Eso no es todo! El río Yvera, que atraviesa la aldea, ya no trae agua fresca y cristalina de las montañas. Ahora el agua es turbia. Los trasgos ya no pueden pescar porque los peces... ¡han desaparecido! Tampoco tienen ganas de nadar porque el agua del río huele mal. A la orilla del río, las coloridas flores de las mouras se marchitan y los árboles se secan.

AHORA COMPRUEBA

¿Quiénes viven en Avantasía?

Capítulo 2

El llamado de Yeruti

Yeruti, la líder de la aldea, es una moura diminuta. Tiene una larga cabellera negra, ojos color marrón y un par de alas tornasoladas en la espalda. Gracias a estas coloridas alas, vuela y observa lo que pasa en la aldea.

Preocupada por el futuro de su pueblo, Yeruti decide sobrevolar la región. Con sorpresa descubre que el problema es aún mayor de lo que pensaba: ¡una parte de la isla ha comenzado a desaparecer! Es como si hubiera empezado a evaporarse.

De inmediato, la pequeña moura regresa a la aldea y convoca con urgencia a una reunión. Todos los habitantes asisten.

—La situación de la isla es muy grave —dice Yeruti con preocupación y tristeza—. Algo está contaminando el agua y secando los manzanos. En mi vuelo, vi que una parte de la isla está desapareciendo. Si las cosas siguen así, dentro de poco no habrá alimentos ni agua para beber en la aldea. Y no tendremos otra opción que abandonar la isla y buscar otro lugar donde vivir.

—¿Qué podemos hacer? —pregunta un trasgo.

—Creo que debemos salvar los manzanos —se apresura a responder un duende—. Son nuestra principal fuente de alimento. Sin manzanas no podremos preparar tartas ni dulces, y moriremos de hambre.

—¡Qué tragedia! Tenemos que encontrar la forma de rescatarlos para que produzcan manzanas rojas y jugosas de nuevo —propone otro trasgo.

Todos están de acuerdo y comienzan a pensar en la forma de recuperar los manzanos. Forman grupos y debaten varias ideas. Después, las exponen ante toda la aldea y toman la mejor decisión.

AHORA COMPRUEBA

¿Por qué Yeruti cita a todos los habitantes de Avantasía a una reunión urgente?

Capítulo 3
La unión hace la fuerza

Entre todos elaboran un plan de trabajo. Cada grupo debe realizar una labor específica. Los duendes buscarán semillas para sembrar otros manzanos. Las mouras esparcirán las semillas por la tierra. Los trasgos las regarán con agua suficiente todos los días. Para esto usarán agua de lluvia que han logrado almacenar.

Temprano en la mañana, los grupos comienzan su labor. Los duendes van a sus casas a buscar semillas, las sacan con cuidado de las frutas sanas que aún quedan en las alacenas. Luego, las reúnen en cestas y se las llevan a las mouras. En la tarde, cuando el sol empieza a ocultarse, las mouras toman las semillas en sus manos y las esparcen sobre la tierra mientras vuelan. Justo antes de que llegue la noche, los trasgos las riegan con agua fresca de lluvia.

Durante varios meses, todos trabajan unidos con empeño. Sin embargo, los resultados no son los esperados: muchas de las semillas no germinan y las que lo hacen mueren pronto. Los viejos manzanos siguen amarillos y sin producir frutas.

Todos han perdido la esperanza y están a punto de darse por vencidos. Creen que deben abandonar su hogar y buscar uno nuevo. En un último esfuerzo, Yeruti cita a los habitantes de la aldea a otra reunión.

—Como saben —dice Yeruti—, nuestro plan no dio ningún resultado. ¡Cambiémoslo! ¿A alguien se le ocurre una nueva idea?

—A mí —dice Katu, un anciano trasgo, arrugado como el árbol más antiguo de Avantasía.

—Explícanos tu idea, honorable Katu —le pide la moura.

—He estado pensando en la situación —dice Katu con sabiduría—. Primero, debemos averiguar qué pasa con el agua. ¡Por mis barbas! Ahí debe estar la raíz del problema. No podemos adivinar, tenemos que investigar. Solo así podremos encontrar una solución.

—¡Investiguemos qué está contaminando el río! —dijo con fuerza Yeruti.

Detective del lenguaje	**La oración subrayada es exclamativa. Busca otras oraciones exclamativas en esta página.**

Capítulo 4
El intercambio de mercancía

En Avantasía hay una cadena montañosa que separa la parte occidental del resto de la isla. Hasta el momento, ningún habitante de la aldea de Yeruti la había cruzado. Todos creían que era peligroso. Sin embargo, los habitantes de la aldea deciden formar un grupo con los más valientes y atravesar las montañas para llegar al nacimiento del río Yvera. Allí podrán averiguar lo que pasa. El grupo de exploradores está compuesto por Yeruti, el trasgo Tabaré y el duende Itatí.

El valiente grupo se dirige hacia las montañas. Durante tres días, caminan entre bosques y peligrosos despeñaderos. Al descender, descubren una aldea de duendes. ¡Son azules! Los exploradores pensaban que todos los duendes eran verdes.

Los duendes azules trabajan sacando arena de la tierra. Con el canje de la arena, compran las mercancías que no tienen, ya que no tienen dinero.

AHORA COMPRUEBA

¿Por qué nadie había cruzado la montaña que separa la parte occidental de Avantasía?

En el mercado se hace trueque de variados productos, como alimentos, ropa, vasijas, zapatos y, por supuesto, la arena de los duendes azules. Esta finísima arena es la mercancía más solicitada en esa parte de la isla.

Cerca del mercado queda el puerto donde entran y salen barcos hacia otras regiones desconocidas. El grupo de los valientes exploradores de Yeruti se queda impresionado al ver la cantidad de cosas nuevas que hay en ese lugar.

Los duendes azules son tan trabajadores como las abejas. Cerca de su aldea hay varios lugares de donde extraen arena. Es un proceso largo: primero remueven la tierra, luego separan la fina arena, y finalmente la empacan en bolsas y la dejan lista para canjearla. Los duendes azules no se han dado cuenta de que con su trabajo están ensuciando el agua del río.

Como la misión de Yeruti y los exploradores es salvar los manzanos y su aldea, deciden hablar con Ygary, el líder de los duendes azules.

—Buenas tardes, Ygary —dice el trasgo Tabaré—. Venimos del otro lado de las montañas. Hemos caminado durante tres días. Nuestra misión es investigar el origen del gran problema que tiene nuestro pueblo. Desde hace varios meses, nuestra gente está sufriendo. El agua del río está contaminada. Daña los cultivos de manzanos. Nuestros árboles están muriendo. Ya no hay frutas para comer.

—Eso es terrible. Dígannos, ¿en qué podemos ayudarlos?

—Ahora que los conocemos y sabemos cuál es su trabajo, sabemos que el origen del problema es la arena con la que ustedes comercian —continuó Yeruti—. Está cayendo en el río Yvera y por eso se contaminan sus aguas. Además, una parte de la isla está desapareciendo.

—Es cierto, así lo vio Yeruti cuando voló para ver lo que sucedía —confirmó Tabaré.

Detective del lenguaje

¿Cuál es la función del punto en la oración subrayada?

Ygary se disculpa y promete resolver el problema.

De regreso a la aldea, el valiente grupo de exploradores es acompañado por varios duendes azules.

Cuando llegan a la aldea todos se alegran con las nuevas noticias. ¡El río volverá a ser cristalino y puro! Para celebrar, deciden hacer una gran ceremonia de amistad y alianza entre las aldeas. Katu, el sabio trasgo que propuso ir en busca del origen del problema, sonríe tranquilo y satisfecho.

Los duendes azules le piden disculpas al pueblo de Yeruti por lo sucedido. Entonces, todos unidos, deciden buscar una forma de extraer arena sin contaminar el río.

Cuando los duendes azules dejan de contaminar el río Yvera, el agua se vuelve clara de nuevo. Los peces regresan, los manzanos reverdecen y dan frutos, y las flores brotan con más fuerza y colorido. La aldea de los duendes azules y la de Yeruti trabajan juntas por el bien de la isla, e intercambian productos. La mercancía principal son las frutas frescas de los manzanos que los duendes azules esperan gustosos en su mercado local.

Respuesta a la lectura

Resumir

Usa detalles importantes de *Avantasía* para resumir el cuento. Usa el organizador gráfico como ayuda.

Personaje

Ambiente

Principio

↓

Desarrollo

↓

Final

Evidencia en el texto

1. ¿Cómo sabes que *Avantasía* es una fantasía? Identifica una característica que te permita determinarlo. **GÉNERO**

2. ¿Qué decisión toman los habitantes de la isla Avantasía para resolver el problema? ¿Qué hacen después? **SECUENCIA**

3. En la página 13, ¿qué quiere decir la palabra *misión*? **CLAVES EN LA ORACIÓN**

4. Escribe sobre los sucesos que llevan a los habitantes de Avantasía a tomar una decisión para solucionar su problema. **ESCRIBIR SOBRE LA LECTURA**

CCSS **Género** Ficción realista

Compara los textos

Lee para saber cómo se consigue lo que nos hace falta.

La familia de papel

La familia Rodríguez se mudaba de casa con frecuencia. Una noche, Rosa y Rafael hablaron con sus hijos de su sueño: tener casa propia. Esteban, el menor, les respondió que eso sería posible si trabajaban en equipo. La familia pensó en varias opciones para ganar dinero. Y así fue cómo decidieron fabricar papel reciclado.

La familia se dividió las tareas. Esteban y Laura investigaron en internet sobre los materiales y el proceso de fabricación de papel reciclado. Con esa información, reunieron todos los materiales y utensilios necesarios. Rafael adquirió el papel usado. Rosa y Laura elaboraron hermosas bolsas decoradas para empacar el producto final.

Así empezó el proceso de fabricación. Madre e hija molieron el papel usado, mientras Rafael y Esteban extendían la masa para que el agua se evaporara y se secara.

El resultado no pudo ser mejor. Ahora debían pensar en la mejor manera de vender el papel. Esteban dijo que podrían venderlo en casa. Rosa afirmó que sería más fácil ofrecerlo en diversas tiendas. Mientras que Rafael manifestó que le parecía mejor alquilar un local. Tras largas horas analizando las diferentes posibilidades, Laura propuso una idea genial: ¡crear una página en internet!

Laura encontró la manera de crear una página en internet sin tener que invertir dinero. Así, la familia Rodríguez comenzó a promocionar su papel reciclado. Dos semanas después, su mercancía se ofrecía en la red. Los pedidos no tardaron en llegar. En solo seis meses, los Rodríguez eran unos expertos productores y vendedores de papel reciclado. Ofrecían diferentes tipos de papel con diversas texturas y colores. Su marca de papel reciclado fue reconocida en el mercado por ser un producto de excelente calidad.

Esta idea sencilla unió a la familia. El negocio se convirtió en una empresa exitosa y, en poco tiempo, pudieron adquirir la casa que tanto habían soñado.

Haz conexiones

¿Cómo logra la familia Rodríguez su sueño de tener casa propia? **PREGUNTA ESENCIAL**

¿Cuál es el mensaje acerca de trabajar en equipo en *Avantasía* y *La familia de papel*? **EL TEXTO Y OTROS TEXTOS**

Enfoque:
Elementos literarios

Símiles Los símiles son figuras literarias que comparan dos elementos por medio del adverbio *como*. Por ejemplo, el símil *rápido como un rayo* significa que alguien o algo es muy veloz.

Lee y descubre En la página 11 de *Avantasía*, se compara a los duendes azules con las abejas. Cuando se describe el proceso de extracción de arena que realizan, se dice "son tan trabajadores como las abejas". Esto significa que los duendes azules son muy activos y hacendosos, tal y como se considera que son las abejas.

Tu turno

Vuelve a leer el primer párrafo de la página 5. Usa dos símiles para describir a Yeruti, la reina de Avantasía. Léele los símiles a un compañero o una compañera y pregunta si saben qué signifca.